THIS BOOK BELONGS TO:

YOU

ARE

AWESOME

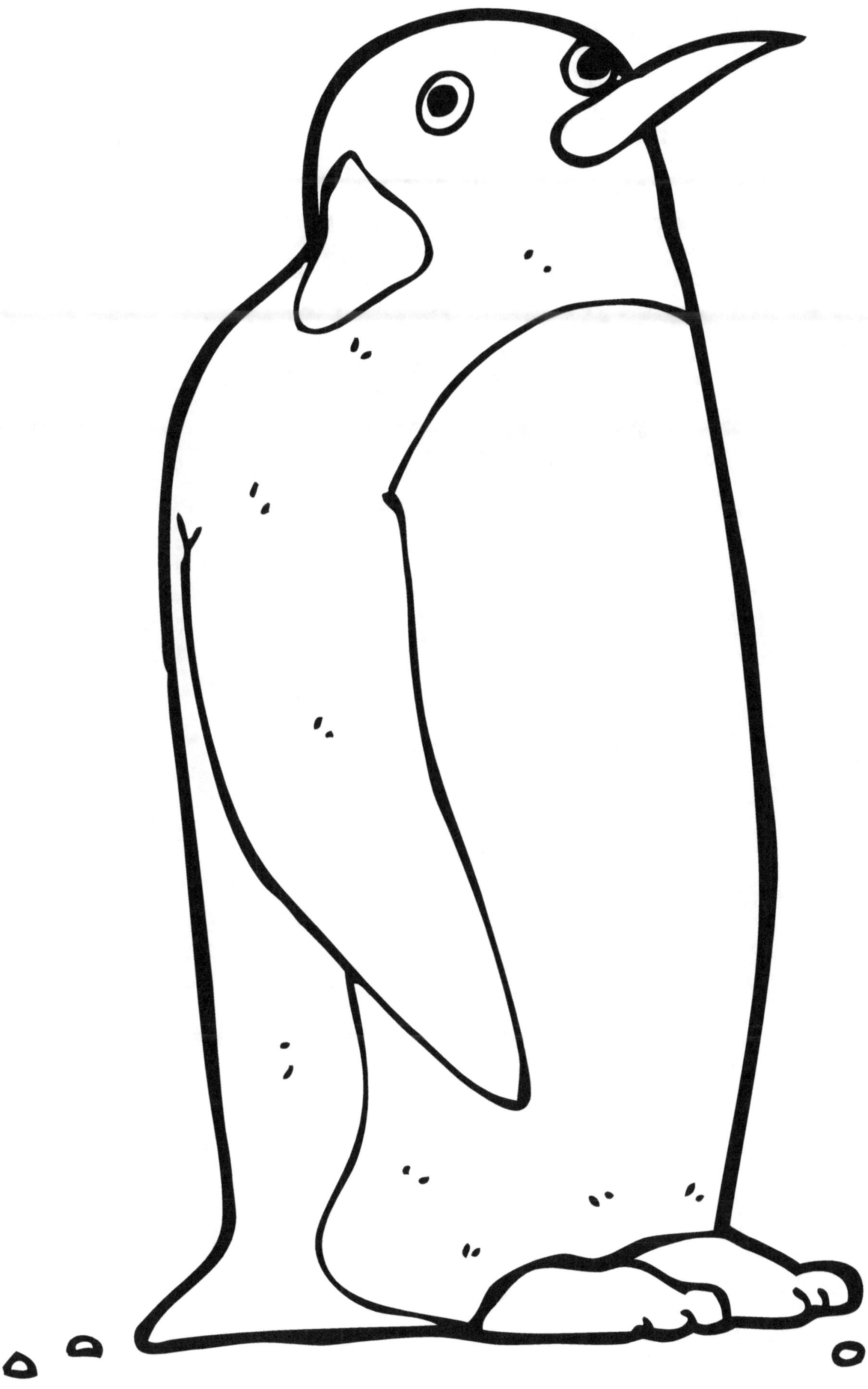

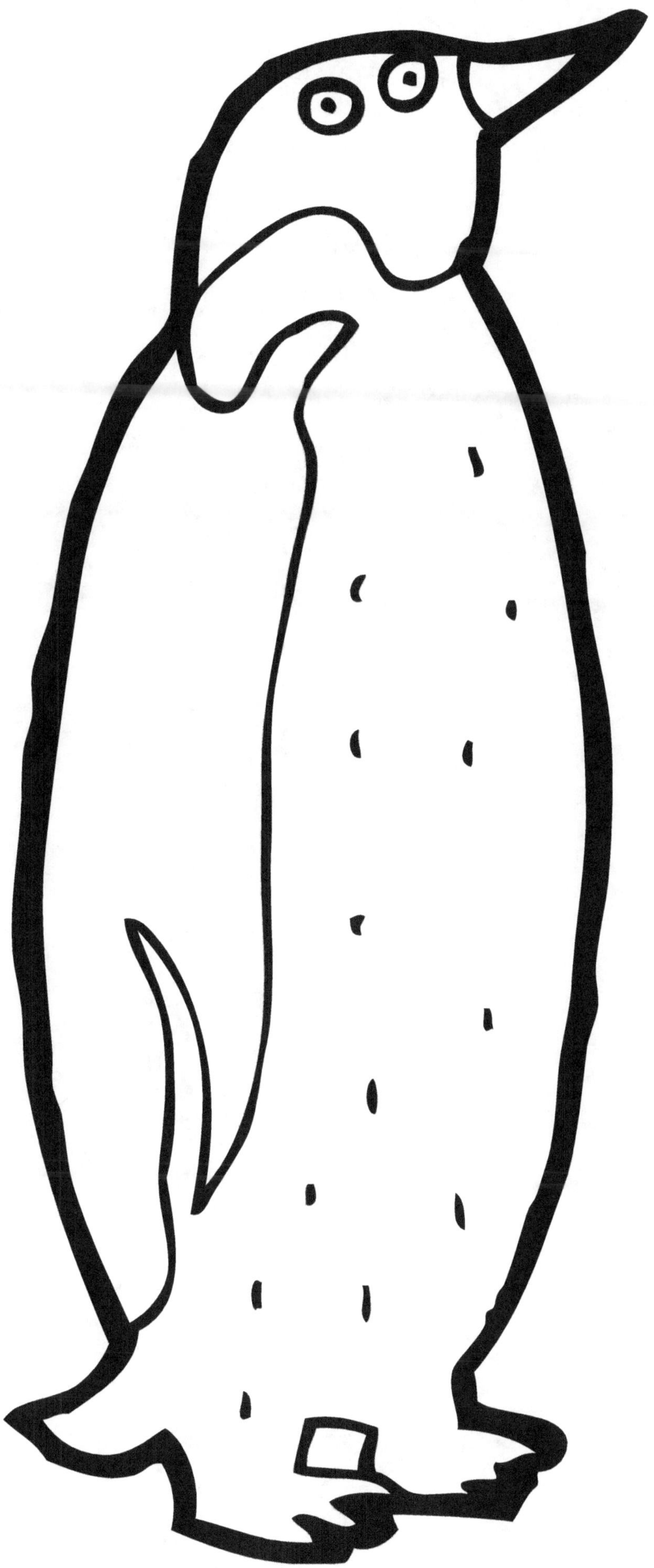

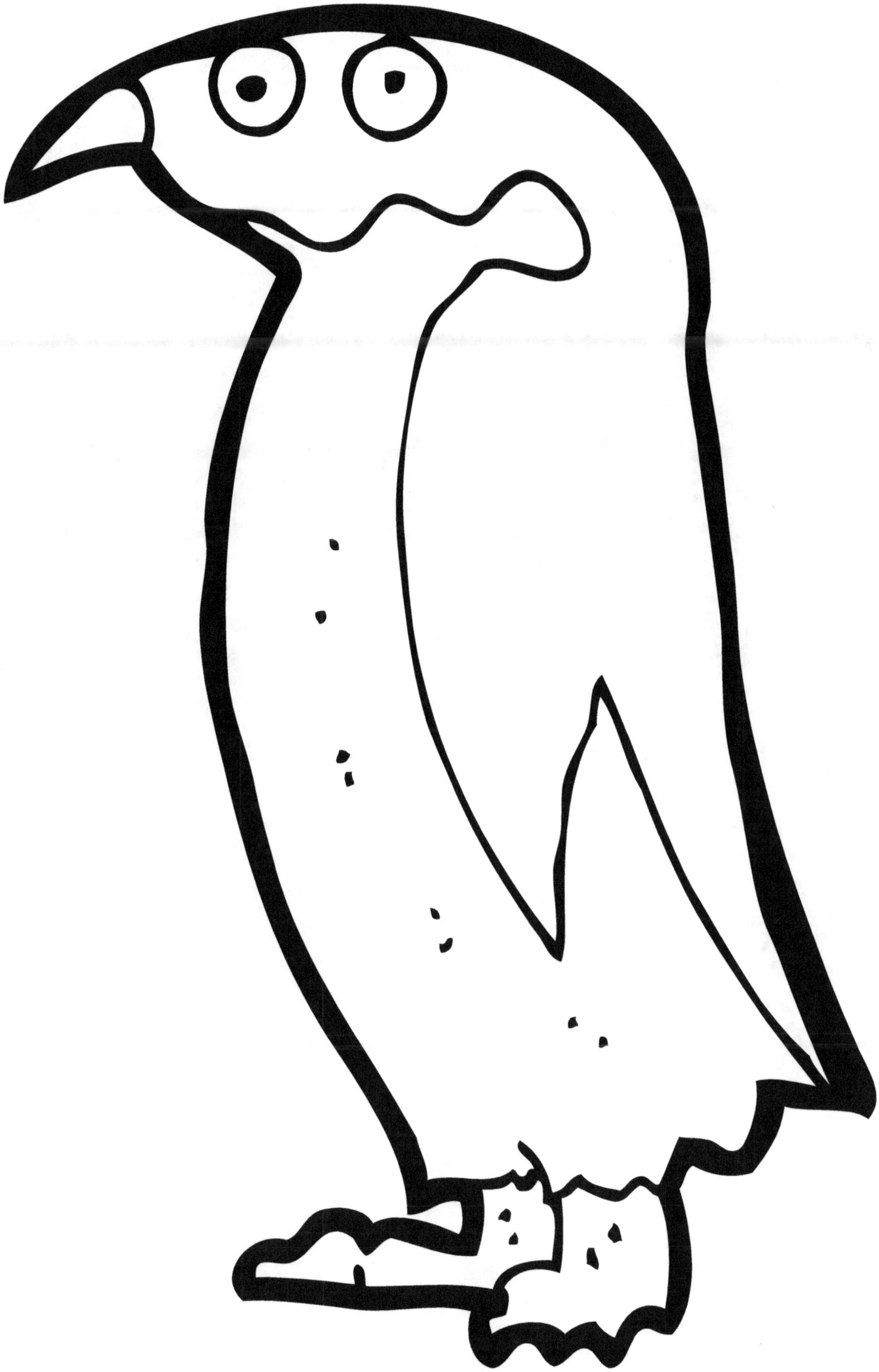

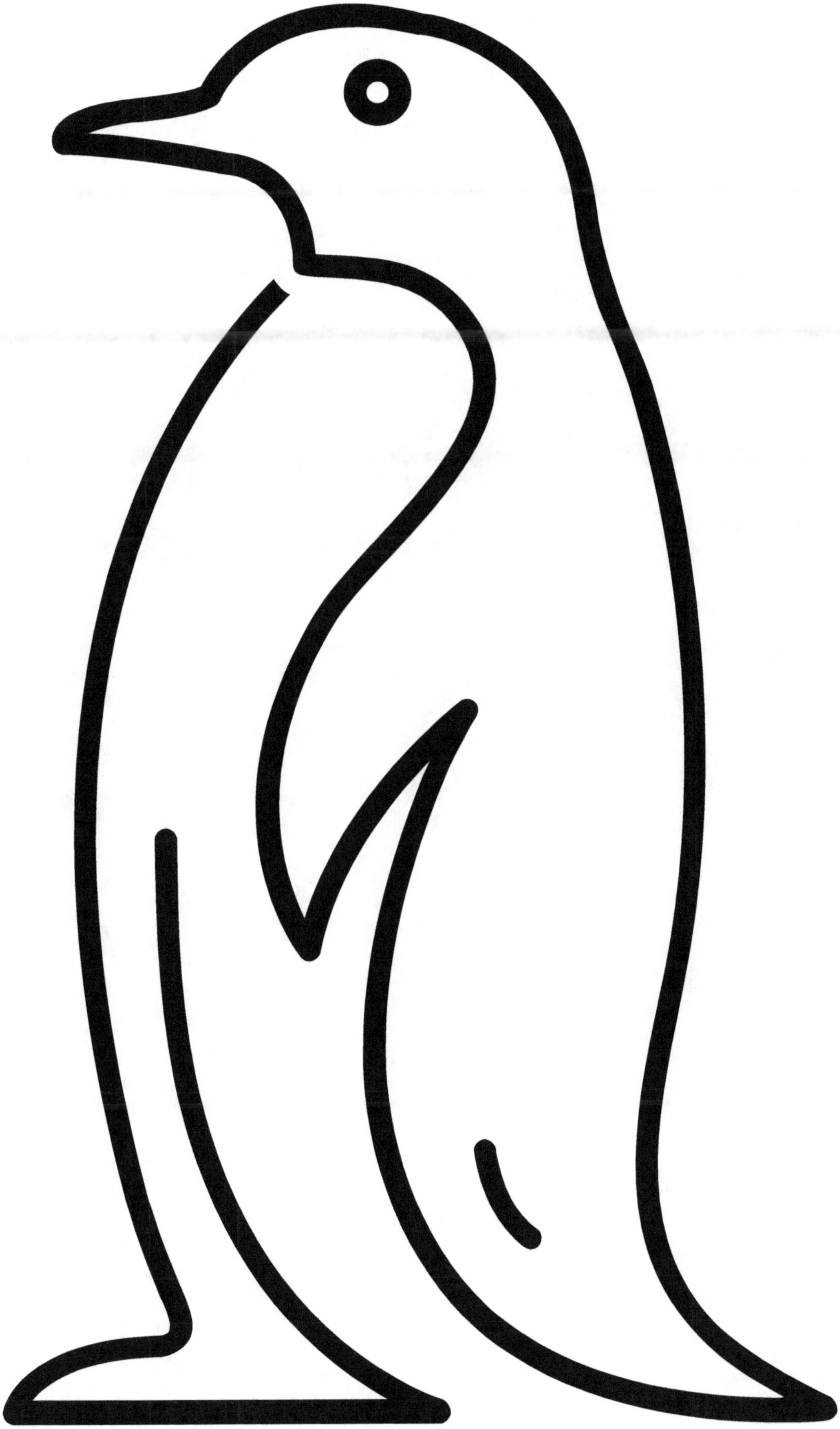

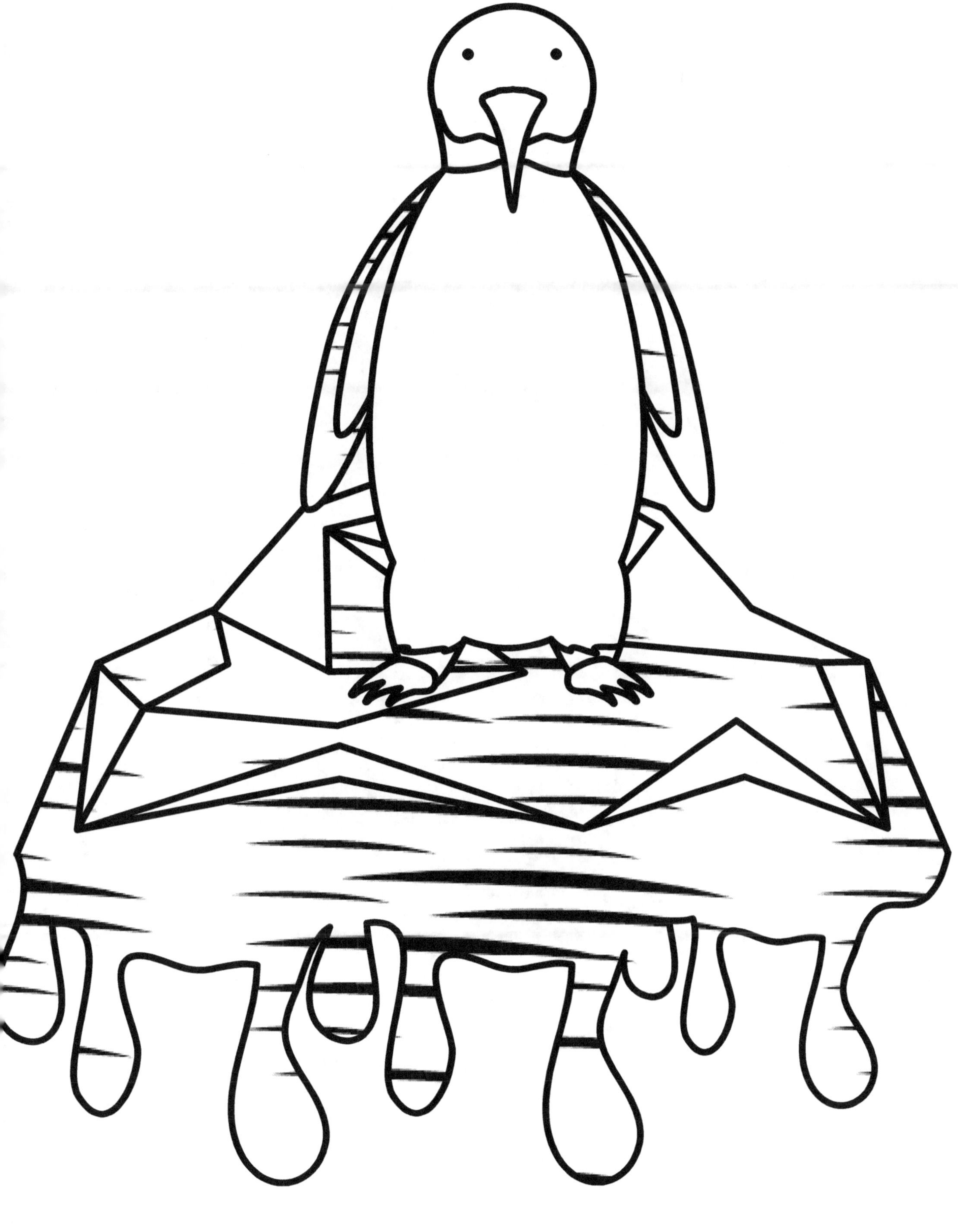

12
1
2
3
4
5
6
7
8
9
10
11

ZOO

www.ingramcontent.com/pod-product-compliance
Lightning Source LLC
Chambersburg PA
CBHW081733250726
48657CB00010B/3241
* 9 7 9 8 5 7 4 2 2 8 5 0 0 *